Rechtschreibung nach den neuen Regeln
Lektorat Brigitte Hanhart Sidjanski

© 1997 Nord-Süd Verlag AG, Gossau Zürich, Hamburg und Salzburg
Alle Rechte, auch die der Bearbeitung oder auszugsweisen Vervielfältigung,
gleich durch welche Medien, vorbehalten
Lithographie: Photolitho AG, Gossau Zürich · Gesetzt in der Futura Book, 16 Punkt
Druck: Proost N.V., Turnhout
ISBN 3 314 00788 4

Die deutsche Bibliothek – CIP-Einheitsaufnahme

Vainio, Pirkko: Wir bauen eine Haus-Turm-Brücke / erzählt und ill. von Pirkko Vainio. – Gossau, Zürich ;
Hamburg ; Salzburg : Nord-Süd-Verl., 1997 (Ein Nord-Süd-Bilderbuch)
ISBN 3-314-00788-4 NE: HST

1 2 3 4 5 01 00 99 98 97

Wir bauen eine Haus-Turm-Brücke

erzählt und illustriert von Pirkko Vainio

Nord-Süd Verlag

»Weißt du was«, sagte Lukas zu seiner schwarzen Katze, »wir sollten uns ein Haus bauen. Ein Haus am Meer für uns allein.«
»Mi-auhhh!«, machte die Katze und leckte sich die Pfoten. Lukas packte alles, was er brauchte, in den Rucksack, nahm seine Katze unter den Arm und verließ fröhlich die Wohnung.

Lukas hatte etwas Geld gespart und wollte nun endlich sein eigenes Haus bauen.
»Siehst du die Insel dort drüben?«, rief er, als sie ans Meer gekommen waren. »Das ist genau der richtige Platz.«
»Mi-auhhh!«, machte die Katze.
Als Erstes baute Lukas ein Floß. Die Arbeit war ziemlich anstrengend, aber Lukas war glücklich und pfiff fröhlich vor sich hin.

Es war spät in der Nacht, als das Floß schließlich fertig war. Lukas musste nur noch das Segel setzen. Es war zwar völlig windstill, aber Lukas fand, dass zu einem richtigen Floß ein Segel gehörte.
Langsam stakte er durch das flache Wasser. Er wollte das Gefühl, eine weite Seereise zu machen, so lang wie möglich genießen.

Am nächsten Tag fing Lukas mit dem Bau seines
Hauses an.
»Zuerst brauchen wir eine Küche, stimmts?«, sagte er.
»Mi-auhhh!«, machte die Katze.
Lukas nahm dazu die Steine, von denen es
auf der Insel genug gab.
»Und nun das Schlafzimmer«, sagte Lukas. »Mit einem
großen Fenster, durch das wir die Sonne aufgehen
sehen können.«
Lukas musste noch einige Male zwischen dem Strand
und der Insel hin und her fahren, bis er genug Holz
auf der Insel hatte.

Auf diese Weise baute Lukas ein Zimmer über das andere. Abends saß er dann auf dem Balkon und bewunderte den Sonnenuntergang.
Schade, dass die Katze nicht sprechen kann, dachte er. Wenn doch jetzt jemand »Wie schön!« sagen würde…

Am Strand hatte Lukas farbige Glasstücke, glatte Steine, Muscheln und allerlei Dinge gesammelt, die er an Schnüren befestigte und über dem letzten Raum aufhängte.
Als der Wind auffrischte, schlugen die Glasstückchen an die Muscheln. Es klirrte und klimperte, und je stärker der Wind blies, desto mehr klang es wie Musik.
»Hör dir das an!«, rief Lukas. »Wir haben ein windgetriebenes Meerinstrument erfunden! Schade, dass es niemand hört!«
»Mi-auhhh!«, machte die Katze.

In der Nacht wurde aus dem Wind Sturm.
Der hohe Turm ächzte und knackte und bog sich wie
ein Schilfrohr unter der Wucht der Böen.

In dieser Nacht hatte Lukas nicht gut geschlafen.
Und so kam es, dass er erst erwachte, als die Sonne
schon hoch am Himmel stand.
Er starrte zur Decke seines Schlafzimmers, setzte
seine Brille auf und sah – dass die Zimmerdecke
verschwunden war! Lukas konnte direkt in den
Himmel blicken.
»Guten Morgen!«, rief ein kleiner Junge. »Deine neue
Brücke ist toll!«
»Welche Brücke?«, fragte Lukas, sprang mit einem Satz
aus dem Bett und kletterte die Strickleiter hoch.
Verwundert hielt er inne. Sein Turmhaus war genau
über dem Schlafzimmer abgeknickt und führte jetzt wie
eine überdachte Brücke zum Strand!

»Hallo!«, rief ein Mädchen.
»Such mich doch!«, rief ein anderes und versteckte sich hinter den Tüchern.
Lukas traute seinen Augen kaum. Überall turnten und kletterten Kinder herum. Sie lachten und sangen, und ein Junge rief ihm zu: »Komm, spiel mit uns!«

Lukas musste sich setzen. Er dachte nach. Nach einiger Zeit huschte ein Lächeln über sein Gesicht.
»Ich habs!«, rief er. »Die Brücke ist noch nicht fertig. Aber wenn ihr mir helft, sie fertig zu bauen, dann könnt ihr hier spielen, wann immer ihr wollt. Und wenn ich Zeit habe, spiele ich mit.«
»Hurra!«, riefen alle Kinder gleichzeitig.
Lukas erklärte, was er vorhatte, und bat die Kinder, am nächsten Tag Holz und Nägel, Seile und Lämpchen mitzubringen.

Am nächsten Morgen waren alle Kinder wieder da und halfen mit. Zuerst bauten sie ein neues Dach für das Schlafzimmer.
»Wir dachten, du wolltest einen Turm bauen, Lukas!«, rief eines der Mädchen.
»Eigentlich wollte ich ein Haus bauen«, sagte Lukas und nagelte eine Stütze fest.

»Toll, und nun ist es eine Brücke geworden!«, sagte
ein Junge. »Du bist ja ein Zauberer!«
»Und wie schön sie ist!«, rief ein Mädchen.
Lukas musste lachen. Eigentlich stimmt es, dachte er,
er hatte auf eine Insel ein Haus, einen Turm und
eine Brücke gezaubert…

Am Abend schmückte Lukas die Haus-Turm-Brücke mit Hunderten kleiner Lämpchen.
Er war glücklich wie schon lange nicht mehr. Er hatte sein Haus mit zwei Zimmern und einen Brücken-Turm, am Abend die windgetriebene Meermusik – und am Tag das Lachen der Kinder.
»Einfach zauberhaft!«, sagte Lukas.
»Mi-auhhh!«, machte die Katze.

Von PIRKKO VAINIO sind folgende
Bilderbücher
im Nord-Süd Verlag erschienen:
Die Schneegans
Der Weihnachtsengel